AF369554

Collection de M. le Duc de ***

TABLEAUX ANCIENS

VENTE

Le Lundi 7 Avril 1862, à 2 heures de relevée.

EXPOSITION PUBLIQUE

Le DIMANCHE 6 Avril 1862, de une heure à cinq heures.

Mᵉ AUGUSTE LANGOIT	**M. JULES THÉRET**
COMMISSᵛᵉ-PRISEUR	EXPERT
rue de Choiseul, 5.	13, rue de Buffault.

RENOU & MAULDE

IMPRIMEURS DE LA COMPAGNIE DES COMMISSAIRES-PRISEURS

Rue de Rivoli, 144.

CATALOGUE

DES

TABLEAUX

DES ÉCOLES

FRANÇAISE, ITALIENNE, ESPAGNOLE & FLAMANDE

PROVENANT DE LA

Collection de M. le Duc de ***

DONT LA VENTE AUX ENCHÈRES PUBLIQUES AURA LIEU

HOTEL DES COMMISSAIRES-PRISEURS

RUE DROUOT, 5

SALLE N° 7, AU PREMIER ÉTAGE

Le Lundi 7 Avril 1862

2 HEURES DE RELEVÉE 

Par le ministère de Mᵉ Auguste **LANGOIT**, Commissaire-Priseur,
rue de Choiseul, 5,

Assisté de M. Jules **THÉRET**, Expert, demeurant à Paris,
rue de Buffault, 13,

CHEZ LESQUELS SE DISTRIBUE LE CATALOGUE.

EXPOSITION PUBLIQUE

Le Dimanche 6 Avril 1862, de une heure à cinq heures.

PARIS

RENOU & MAULDE

IMPRIMEURS DE LA COMPAGNIE DES COMMISSAIRES-PRISEURS

RUE DE RIVOLI, 144

—

1862

CONDITIONS DE LA VENTE

———

Elle sera faite au comptant.

Les Acquéreurs paieront en sus du prix d'adjudication, CINQ POUR CENT, applicables aux frais.

DÉSIGNATION

DES

TABLEAUX

LE PRINCE PÈRE (JEAN-BAPTISTE). Signé et daté 1775.

1 — **Vue du château de Saint-Leu.** — Le château se détache dans le fond du paysage, sur un
beau ciel clair et transparent. Au pied et sur le
devant se déployent de vastes plaines où des mois-
sonneurs coupent les blés, et d'autres chargent les
chariots de grains. Sur le premier plan, à l'ombre
de beaux arbres, les paysans se rafraîchissent et
goûtent les douceurs du repos après leur rude
labeur. Au travers d'une éclaircie de bois et dans
un petit chemin, on aperçoit deux chasseurs se
dirigeant vers ce groupe.

DU MÊME.

2 — **La Promenade sur l'eau.** — Plusieurs personnes de distinction, en attendant la promenade,
font la conversation et s'occupent de musique,
gracieusement assises sur un tertre. — Au pied du
perron, à gauche, un élégant seigneur donne la
main à une jeune dame, et l'invite à se diriger avec

lui vers une barque pavoisée que des mariniers préparent. Un serviteur porte des provisions et leur fait signe de s'embarquer, avec la brillante compagnie qui les attend.

Ces deux importantes compositions, commandées à J.-B. Leprince père, par monseigneur le duc d'Orléans, en 1775, ont été admirées aux expositions et louées par les journaux de l'époque et dans diverses comptes-rendus sur les beaux-arts. Quant on les examine avec soin on ne peut s'empêcher de les admirer et de reconnaître que par le grandiose de leur composition, la vigueur du coloris, l'élégance des personnages et la facilité de la touche, elles sont de véritables chefs-d'œuvre, dignes de figurer à côté des productions les plus remarquables de l'École française.

Ces deux tableaux ont appartenu aux collections de M. le duc de Bourbon et de Mme la comtesse de Saint-Leu. Bordures du temps, à lauriers.

WATTEAU (Antoine).

3 — **Le Joueur de guitare.** — Cette jolie figure, vigoureusement peinte, se détache sur un ciel lumineux et de jolis fonds de paysages ornés de figures.

DU MÊME.

4 — **Le Menuet.** — Scène galante dans un parc. Plusieurs personnages distingués se livrent au plaisir de la danse et de la conversation. Tous les groupes sont animés et respirent le contentement. La reine de la compagnie écoute avec bienveillance les compliments qui lui sont adressés. Sur le devant

tableau une gouvernante cause avec un jeune homme. Des musiciens exécutent un morceau pour deux personnes dansant le menuet. Dans le fond, on voit plusieurs groupes assis sur l'herbe.

Cette composition capitale est complétée par un charmant paysage Elle réunit la puissance du coloris, la transparence, le piquant des effets de lumière, le tout joint à une harmonie générale, qui en font un chef-d'œuvre du maître.

PATER.

5 — **La Toilette**. — Jeune dame habillée par ses caméristes. Bon tableau, très-fin de touche et pur de conservation.

DU MÊME.

6 — **Scène musicale**. — Pendant du précédent. Composition gracieuse. Ce tableau a subi des restaurations.

LANCRET.

7 — **Portrait** du célèbre tragédien **Lekain**, de la Comédie-Française.

BOUCHER (F.). 1762 signé.

8 — **Vue de Charenton**. — Deux jolis paysages ornés de charmantes figures : le Berger galant, et Pêcheurs. Belle qualité du maître et d'un effet piquant.

SCHALL.

9 — **La Comparaison**. — Jeunes femmes au bain entourant la statue de la Vénus Callipige. Plusieurs dames, prenant une collation, plaisantent les jolies baigneuses. — Tableau gracieux et d'une bonne couleur.

SCHENEAU.

10 — La Marchande de poissons. —Plusieurs scènes
et des enfants animent cette composition remplie
de naturel et de vérité.

REGNAULT (Le baron).

11 — Achille à la cour du roi Nicomède. —
Petit tableau de chevalet bien terminé.

BACO (François de). Signé.

12 — La Lettre surprise. — Un mari surprend sa
femme écrivant une lettre.

DU MÊME (Signé).

13 — Lecture d'une lettre (Pendant du précédent). —
Ces deux jolies compositions sont très-fines, d'une
parfaite exécution, d'un dessin correct, et réunissant, comme historique, l'intérieur exact, les cos-
tumes, les meubles et de jolis accessoires de
l'époque.

MEULEN (Van der).

**14 — Louis XIV livrant une bataille sur les
bords du Rhin,** entouré de ses généraux. —
Dans le fond, choc de cavalerie. — Charmant paysage d'une belle couleur

RIGAUD (Hyacinthe).

15 — Portrait du Prince de Conti, en grand costume. — Tableau très-soigné et bien terminé.

MONOYER (Baptiste).

16 — Près d'une colonne ornée d'une riche draperie, un vase en argent ciselé, décoré de bas-reliefs à figures, contient de jolies fleurs bien groupées et d'un coloris rivalisant avec la nature.

MURILLO (Esteban). 1659.

17 — **Bertrand et Raton**. — Sujet tiré d'une critique de l'époque, renouvelée par La Fontaine dans sa fable du chien tirant les marrons du feu pour le singe ; ce qui indigne une servante et un valet qui s'avancent pour mettre ordre à cette injustice ; un chien semble être de leur avis et leur prête son appui.

Cette belle composition est enrichie d'accessoires divers, le tout d'une expression et d'une couleur admirable.

NOTA. — Ce tableau avait été commandé par le cardinal légat qui devait payer à l'artiste dix onces d'or d'Espagne. A la mort du légat, ce beau tableau allait être enlevé par sir H. Walter, moyennant une somme considérable, lorsque les héritiers du cardinal, plus éclairés sur la valeur de l'œuvre, en revendiquèrent judiciairement la propriété, offrant de payer le prix convenu, et sir Walter fut obligé de subir l'exigence des possesseurs du chef-d'œuvre.

(Note tirée de l'appendice du moine Don José Caballo, Madrid, 1793.)

DU MÊME.

18 — Saint-François d'Assises. — La tête du saint est empreinte d'un sentiment douloureux et rempli de résignation. L'étude de haute science et l'effet saisissant d'austère vérité le font passer à juste titre pour une des meilleures créations de ce genre.

Cette belle peinture, après avoir orné l'oratoire de Mme la duchesse d'Angoulême qui l'avait reçue de son époux à son retour de la campagne de 1823, passa dans une galerie célèbre et fut adjugée à Londres, en 1835, pour une somme considérable. (*Annales de peintures de Scott*, Londres, 1837.)

MURILLO (Attribué à).

19 — La Marchande de fromages. — Ce joli petit tableau portait autrefois sur une légende, en parchemin aujourd'hui détruite, les initiales E. M., Madrid, 1643. Les experts ayant reconnu dans cette composition les qualités du maître, n'avaient pas hésité à l'attribuer à Esteban Murillo qui avait alors (1643) une prédilection pour ces sujets. Nous laissons du reste le public juge. Ce tableau a figuré dans la galerie du maréchal Soult.

LESUEUR.

20 — Abailard à l'abbaye de Paraclet. — Cette composition traitée simplement est une des plus estimées du maître et provient de la galerie du prince de Condé.

STEEN (Jean). Signé.

21 — Le Petit puceux. — Un jeune garçon tient un petit chien avec tous les soins qu'exige son opération, malgré la répugnance du petit quadrupède. Charmant échantillon de ce maître, vrai et toujours rempli d'expression.

RUBENS (École de).

22 — Grand repas de famille et d'amis. — Cette belle et riche composition est traitée avec le fini le plus grand, et d'une bonne couleur, et ne peut être que l'œuvre d'un des plus habiles élèves de ce maître.

DU MÊME.

23 — Pendant du précédent. — Même richesse de composition et digne de son pendant.

SNEYDERS.

24 — Nature morte. — Sur une table couverte d'une étoffe cramoisie sont groupés divers animaux. Dans le fond se trouvent des fleurs, fruits, etc. Cette composition est animée par trois chiens gardant le tout et qui semblent peu d'accord sur leurs intérêts.

LANCRET.

25 — Paysage. — Au bord d'un parc, arrosé par une rivière, et sur la pelouse, plusieurs personnes s'occupent de musique. Près de là deux jolis enfants se livrent au plaisir de la danse. Dans le fond, on voit des barques de pêcheurs.

CREPIN.

26 — **Intérieur de forêt**. — Un pâtre fait boire ses bestiaux, tout en se désaltérant lui-même.

DU MÊME.

27 — **Paysages pittoresques** baignés de rivières et pièces d'eau, animés de soldats et de pêcheurs. Jolis dessus de porte, peints avec verve, dans le goût de Salvator Rosa.

GIASSARI.

28 — **Deux Paysages** avec bataille et choc de cavalerie. — Excellente peinture d'une touche vigoureuse, rappelant Salvator Rosa et Bourguignon.

BOUCHER (François).

29 — **Portrait de jeune fille**. — Rien de plus gracieux que cette charmante esquisse, terminée par un célèbre artiste allemand et provenant de la galerie de M. Aguado.

LONGJEAN (Zamy).

Élève et émule de Van Dyck.

30 — **Portrait de Van Dyck**. — Quant on remarque cette touche magistrale fine et spirituelle, on serait convaincu que Van Dyck aurait aimé à reproduire lui-même son visage.

LEBRUN.

31 — **Le Christ en croix**. — Ce Christ est remarquable
par l'expression de souffrance et le sentiment de
résignation. — Il a décoré l'oratoire de Mme la duchesse d'Angoulême.

LEMOINE.

32 — **Ulysse** demandant ses compagnons d'armes à Circé.
— Esquisse terminée et d'un bel effet.

DYCK (Attribué à Antoine van).

33 — **L'Enfant Jésus et sa Croix**. — Bonne peinture finement exécutée.

DYCK (Attribué à Van).

34 — **Portrait de Rubens**.

MOLNAER (Signé).

35 — **Saint Jean prêchant dans le désert**. — Il
est entouré d'une foule immense habillée à la fla-
mande. — L'artiste a voulu y placer plusieurs de ses
amis. — On suppose que c'est Brauwer et sa famille
qui sont sur le devant. — De jolis paysages ornent
le fond.

Cette composition, d'un beau coloris et d'une
exécution très-soignée, nous fait présumer que le
tableau a été fait pour une fête historique et reli-
gieuse du pays.

DEMARCHAIS (1736. Signé).

36 — **Portrait de Gallé**, ami et collaborateur de Piron.
— Très-bien peint et d'une grande vérité.

CHAMPAGNE (Attribué à PHILIPPE DE).

37 — **Beau portrait d'homme historié**. — Maréchal tenant le bâton de commandement. Dans le fond, choc de cavalerie.

VERONÈSE (ALEXANDRE).

38 — **Portrait de jeune Femme**.

METZIS (QUINTIN).

39 — **La Sainte Vierge** tient entre ses bras son divin Fils. Ce tableau réunit tant de qualités qu'il est difficile à décrire. Les expressions si bien rendues, et la couleur bien concordante, font de cette œuvre un tableau remarquable.

LOCATELLI.

40 — **Paysage**. — Ce tableau, vigoureusement éclairé par un effet de soleil, est orné de jolies figures.

ÉCOLE FRANCO-RUSSE.

41 — **Un Saint**, avec plaque et auréole en argent repoussé et dorure.

DELEN (Van).

42 — **Riche palais** d'une belle architecture, avec parc, orné de jolies figures.

FALENS (Van).

43 — **Les Marchands de chevaux**. — Bonne composition.

DU MÊME.

44 — **Pendant du précédent**. Réunissant les mêmes qualités.

BARTOLOMEO (Fra).

45 — **Sainte Famille**. Très-jolie copie de l'original qui se trouve au Louvre.

VAN LOO

46 — Portrait de Louis XV à l'âge de 13 ans.

DU MÊME

47 — Portrait de la duchesse de Berri, fille du Régent.

GREUZE (d'après)

48 — Jeune fille à l'oiseau.

CHARDIN (Genre de)

49 — Jeune femme prenant lecture d'une lettre.

HUISMANS DE MALINES

50 — Bon paysage. Saint Dominique en prières et autres moines.

LARGILLIÈRE

51 — Portrait du duc d'Anjou, Philippe V.

MICHEL-ANGE DES BATAILLES

52 — Perroquets, oiseaux et fruits.

DU MÊME

53 — Raisins, poires et melon.

HUBERT ROBERT

54 — Joli paysage. Site d'Italie orné de figures.

DU MÊME

55 — Pendant du précédent.

M. DIAZ

56 — Paysage. Vue prise en Turquie, ornée de figures et murailles se reflétant dans des eaux d'une grande transparence.

LAGRENÉE

57 — Jolie composition gracieuse provenant de la galerie Aguado.

MINIATURES & FIXÉS

58 — LA BELLE. Deux intérieurs de couvent.

DROLLING. La Réprimande et la soupe servie, scènes familières.

LEPRINCE (X.). Paysage, figures et animaux.

MALLET. L'Offrande.

SWAGERS. La Tempête.

LANTARA Paysage et clair de lune.

KLINGSTET. La Déclaration, et Vertumne et Pomone. Deux jolies miniatures, portraits de filles de Louis XV. Grisaille, vase rempli de fleurs; l'Annonciation, ancien émail; médaillons et autres.

AUDRAN (attribué à).

59 — Une belle garniture composée de quatre grands panneaux, six entre deux et trois dessus de portes, le tout richement décoré d'arabesques, trophées, guirlandes de fleurs, avec médaillons de paysages.

Renou et Maulde, imprimeurs de la Compagnie des Commissaires-Priseurs, rue de Rivoli, 144.   10410